Guide Fiscal

ANNÉE 1927

DES

DÉCLARATIONS A FAIRE

EN MATIÈRE DE

CONTRIBUTIONS DIRECTES

RÉCLAMATIONS

PRIX : 2 Francs

Al. CATHRINE
EDITEUR
18, Place Bisson — LORIENT

DÉCLARATIONS

Impôts sur les Revenus

Guide Fiscal

ANNÉE 1927

DES

DÉCLARATIONS A FAIRE

EN MATIÈRE DE

CONTRIBUTIONS DIRECTES

RÉCLAMATIONS

PRIX : 2 Francs

Al. CATHRINE
ÉDITEUR
18, Place Bisson — LORIENT

I - Impôts cédulaires

INDUSTRIELS et COMMERÇANTS

A) IMPOT SUR LES BENEFICES INDUSTRIELS ET COMMERCIAUX

Cet impôt est établi chaque année sur les bénéfices obtenus pendant l'année précédente ou dans la période de 12 mois dont les résultats ont servi à l'établissement du dernier bilan, lorsque cette période ne coïncide pas avec l'année civile.

1er CAS. — *Il y a une comptabilité*

Du 1er Janvier au 1er Mars, un résumé du compte « Pertes et Profits » doit être adressé au *Contrôleur des Contributions Directes*.

— Tous les contribuables dont le bénéfice net dépasse 50.000 francs, sont tenus de fournir ce compte ou à défaut un « *état de leurs bénéfices* ». (1)

2e CAS. — *Il n'y a pas de comptabilité*

Dans les deux premiers mois de l'année, le contribuable doit faire une déclaration indiquant la catégorie dans laquelle il doit être rangé pour le calcul de l'impôt.

---

(1) Les contribuables qui n'auront pas produit leur déclaration dans les délais seront imposés d'office et leur cotisation sera majorée de 25 p. 100.

CATEGORIES DE BENEFICES	Montant de l'impôt
	fr. c.
Bénéfice inférieur ou égal à 800 fr.	22.50
Bénéfice compris entre 801 et 1.500 fr.	45.00
— 1.501 et 3.000 fr.	150.00
— 3.001 et 5.000 fr.	300.00
— 5.001 et 7.000 fr.	750.00
— 7.001 et 10.000 fr	1.050.00
— 10.001 et 15.000 fr.	1.500.00
— 15.001 et 20.000 fr.	2.250.00
— 20.001 et 25.000 fr.	3.000.00
— 25.001 et 30.000 fr.	3.750.00
— 30.001 et 35.000 fr.	4.500.00
— 35.001 et 40.000 fr.	5.250.00
— 40.001 et 45.000 fr.	6.000.00
— 45.001 et 50.000 fr	6.750.00
	(1)

— Le contrôleur examine les déclarations et peut les rectifier après avoir averti l'intéressé. Si le désaccord persiste, le contribuable et l'administration ont la faculté de le soumettre à l'appréciation d'une Commission consultative siégeant au chef-lieu du département.

______

(1) Nous avons vu plus haut que pour les bénéfices supérieurs à 50.000 fr., il devait être fait une déclaration spéciale. Dans cette catégorie, le taux de l'impôt est de 15 p. 100.

Cessation ou cession d'entreprise

En cas de cessation ou cession, dans un délai de 10 jours, les contribuables sont tenus de faire parvenir *au Contrôleur* les renseignement nécessaires (indication de la catégorie dans laquelle doivent être rangés les bénéfices imposables ou déclaration du bénéfice réel accompagnée d'un résumé de compte « Pertes et Profits » en vue de l'établissement immédiat de l'impôt (1).

B) TAXE SPECIALE SUR LE CHIFFRE D'AFFAIRES

Sont assujetties à la taxe spéciale les entreprises ayant pour objet principal la vente en détail de denrées ou marchandises lorsque le chiffre d'affaires dépasse 1 million de francs.

La même taxe est applicable aux établissements de banque ou de crédit ainsi qu'aux entreprises d'assurances, d'épargne et de capitalisation, lorsque leur chiffre d'affaires excède 1 million de francs.

La déclaration du chiffre d'affaires doit être faite *au Contrôleur* dans les deux premiers mois de l'année (2).

---

(1) Le cessionnaire est responsable solidairement avec le cédant du paiement des impositions.

(2) La non-déclaration entraîne une majoration de 25 p. 100.

SALARIÉS

TRAITEMENTS - SALAIRES - PENSIONS

Aucune déclaration n'est à faire pour l'établissement de l'impôt cédulaire sur les traitements.

(Voir plus loin les déclarations à souscrire en vue de l'assiette de l'impôt général sur le revenu)

Les impositions sont établies par le contrôleur à l'aide des déclarations faites par les employeurs.

L'impôt ne porte que sur la fraction du salaire qui, après défalcation faite des déductions, excède la somme de 7.000 francs. (1)

Les déductions sont les suivantes : 3.000 fr. pour la femme (si celle-ci n'a ni salaire, ni revenus personnels) ; 3.000 fr. par enfant de moins de 18 ans et non salarié et de 2.000 francs pour chacune des autres personnes à sa charge.

(1) Le taux de l'impôt est de 12 p. 100.

PROFESSIONS LIBÉRALES

IMPOT SUR LES BÉNÉFICES NON COMMERCIAUX

Toute personne passible de cet impôt doit adresser, dans les deux premiers mois de l'année, *au Contrôleur des Contributions directes* (1), une déclaration indiquant le montant de son bénéfice brut, celui des dépenses professionnelles et le chiffre de son bénéfice net de l'année précédente. (2)

Le contrôleur peut, s'il juge ces renseignements insuffisants, établir la base d'imposition et la notifier au contribuable. Si le désaccord persiste, il est soumis à l'appréciation d'une commission consultative siégeant au chef-lieu de chaque département. Cette Commission est composée du Président du Tribunal Civil, d'un Avocat ou d'un Avoué, d'un Notaire, d'un Médecin, d'un Inspecteur des Contributions directes.

---

(1) Au contrôleur du lieu où est exercée la profession.

(2) Toutes explications devront être données, à l'appui de la déclaration, sur la demande du contrôleur.

AGRICULTEURS

IMPÔT SUR LES BÉNÉFICES DE L'EXPLOITATION AGRICOLE

Le bénéfice provenant de l'exploitation agricole est considéré, pour l'assiette de l'impôt, comme égal à la valeur locative des terres exploitées, telle qu'elle résulte de l'évaluation cadastrale, multipliée par le coefficient 3. (1)

Déclaration du propriétaire :

A chaque renouvellement de bail, dans le délai de 3 mois, une déclaration doit être faite *au Contrôleur,* indiquant les nom et prénoms du fermier ou du métayer entrant, la désignation et le revenu cadastral des parcelles louées.

---

(1) Jusqu'à l'application de la révision de la propriété non bâtie, le coefficient sera appliqué à la valeur locative cadastrale préalablement majorée de 75 p. 100.

EMPLOYÉURS

Tous particuliers et toutes sociétés ou associations occupant des employés, commis, ouvriers ou auxiliaires, moyennant salaire ou rétribution, sont tenus (1) de remettre, dans le courant du mois de janvier de chaque année, *au Contrôleur des Contributions directes*, un état indiquant :

1° Les noms et adresses des personnes qu'ils ont occupées au cours de l'année précédente ;

2° Le montant des traitemnts, salaires et rétributions payés à chacune d'elles pendant ladite année.

3° La période à laquelle s'appliquent ces payements lorsqu'elle est inférieure à une année, mais supérieure à trente jours consécutifs.

Une déclaration doit être faite, pour les courtiers, commissionnaires ou autres intermédiaires de commerce n'ayant pas la qualité de salariés, dans les mêmes conditions, quand la somme payée (dans l'année précédente), dépasse 1.000 francs.

---

(1) 100 francs d'amende par omission ou inexactitude.

II - Impôt général sur le revenu

— L'impôt général sur le revenu est dû, au 1er Janvier de chaque année, par toutes les personnes ayant en France une résidence habituelle.

— Chaque chef de famille est imposable, tant en raison de ses revenus personnels que de ceux de sa femme et des autres membres de la famille qui habitent avec lui.

— Dans les deux premiers mois de l'année, tous les contribuables passibles de l'impôt sont tenus de souscrire et de renouveler, sous la foi du serment, une déclaration de leur revenu avec l'indication, par nature de revenu, des éléments qui le composent.

— Ces déclarations sont remises au *Contrôleur des Contributions directes*.

— Les personnes qui ont été, au cours de l'année précédente, inscrites aux rôles des impôts cédulaires, pour un total de revenu de 1.500 francs au moins ou si elles ont encaissés, pendant la même année 1.500 fr. au moins de revenus de valeurs mobilières autres que les bons du Trésor ou de la Défense Nationale à échéance d'un an au plus et les rentes 4 p. 100 1925, doivent, même si elles sont affranchies de l'impôt général, souscrire une déclaration.

— Est passible de l'impôt général, tout contribuable dont le revenu imposable est supérieur à 7.000 francs.

— Les contribuables mariés ont droit, sur leur revenu annuel, à une déduction de 3.000 francs, de plus, il est prévu une déduction de 3.000 francs par enfant mineur et 2.000 fr. par personne à charge. (1)

(1) La déduction est portée à 3.000 francs par personne à charge au-delà de la cinquième.

DÉCLARATIONS

Impôts Directs

PROPRIÉTAIRES

PROPRIÉTAIRES D'IMMEUBLES

CONTRIBUTION FONCIÈRE

Un contribuable faisant bâtir une maison doit faire, dans *les quatre mois de l'ouverture* des travaux, une déclaration spéciale sur le registre déposé à *la Mairie* (du lieu de construction). Mêmes formalités s'il s'agit d'une reconstruction ou d'une addition de construction.

Cette déclaration permet d'obtenir l'exonération d'impôt foncier pendant quinze ans.

CONTRIBUTION MOBILIÈRE.
(*Départ de locataires*)

Déclaration à faire *au Percepteur* dans les trois jours qui suivent le déménagement du locataire, si ce dernier n'a pas montré au propriétaire les quittances de la contribution personnelle-mobilière (dans les huit jours en cas de déménagement furtif). Sinon, le propriétaire est responsable des termes échus.

PROPRIETAIRES (ou possesseurs) DE CHIENS

La déclaration des chiens doit être faite du 1er Octobre au 15 Janvier de l'année suivante, sur un registre spécial déposé *à la Mairie.* L'on doit y indiquer le nombre et les usages auxquels ils sont destinés (luxe, chasse, garde), quel que soit leurs âges. La non-déclaration entraîne la triple taxe.

POSSESSEURS DE GARDES-CHASSE

La déclaration du nombre de gardes et l'indication des communes sur lesquelles s'étendent les propriétés gardées, doit être faite dans le mois de Janvier, *à la Mairie.* (2)

---

(1) Les chiens servant à conduire les aveugles ou appartenant à des mutilés de guerre ayant au moins 80 p. 100 d'invalidité, sont exonérés de la taxe.

(2) La taxe est doublée pour chaque garde non déclaré.

RÉCLAMATIONS

DES RECLAMATIONS

Si vous vous croyez imposé à tort ou surtaxé, vous pouvez faire une demande en décharge ou en réduction.

A QUI ET COMMENT
VOUS POUVEZ RÉCLAMER

Vous avez deux façons de réclamer :

1°) Par voie de déclaration à la Mairie, *dans le mois qui suit la publication du rôle*, pour tous les impôts. Vous inscrivez sur un registre spécial sans frais, ni formalités, le motif de votre réclamation en n'omettant pas d'y joindre l'avertissement concernant la Contribution ou taxe contestée.

2°) Sous forme de réclamation écrite (1) adressée à la Préfecture ou à la Sous-Préfecture (2).

Dans les trois mois de la publication du rôle et sur papier timbré (3) quand elle a pour objet une cote supérieure à 30 francs (en matière de prestations le timbre n'est pas exigible).

N.-B. — Ne jamais omettre de joindre à la réclamation l'avertissement (à son défaut un *extrait du rôle*) concernant la contribution ou taxe contestée.

---

(1) Les réclamations doivent être individuelles et distinctes pour chaque commune.

(2) Les réclamations sont adressées au Préfet pour l'arrondissement, chef-lieu et aux Sous-Préfets pour les autres arrondissements.

(3) Timbre de 3 fr. 60 qui vous est remboursé quand votre réclamation est fondée.

PRINCIPAUX CAS DANS LESQUELS VOUS POUVEZ RÉCLAMER

CONTRIBUTION FONCIÈRE (1)

Quand vous avez vendu une propriété et que l'année suivante cette dernière est encore cotisée à votre nom, vous pouvez demander la décharge de ces impôts (demande en mutation de cote). N'omettez pas de désigner le tiers au compte duquel doit être opérée la mutation de cote.

Conseil pratique. — Il est plus simple de vous entendre (à l'amiable) avec le nouveau propriétaire (au besoin demandez à votre notaire ou au contrôleur de bien vouloir effectuer la répartition de l'impôt).

CONTRIBUTION DES PATENTES

Si vous cédez votre établissement dans le courant de l'année, vous pouvez demander le transfert de la portion de la patente restant à courir.

— Si votre établissement est fermé par suite de décès, de liquidation judiciaire ou de faillite déclarée, vous pouvez réclamer la décharge de la patente pour les mois restant à courir.

CONTRIBUTION PERSONNELLE MOBILIÈRE

Si vous avez quitté la Commune avant le recensement, ou si l'ayant quitté après vous êtes imposé dans la commune de votre nouvelle résidence, vous pouvez demander la décharge de cet impôt. Dans le dernier cas, il vous faut joindre à la réclamation *les deux avertissements* qui permettront de constater le double emploi.

---

(1) Il ne peut être traité, dans ce bref exposé, des réclamations spéciales ayant trait aux vacances de maisons, chômages d'usines, à l'exemption temporaire des terrains plantés ou semés en bois, etc... pour lesquelles le contrôleur pourra vous donner les renseignements nécessaires.

TAXES ASSIMILÉES
(Prestations, voitures et chevaux, chiens, etc...)

Quand vous êtes imposé pour des éléments que vous ne possédiez pas au 1er Janvier de l'année de l'imposition, ou lorsque vous avez quitté avant le 1er Janvier la commune dans laquelle vous êtes imposé, vous pouvez demander la décharge des taxes.

IMPOTS CÉDULAIRES
ET IMPOT GÉNÉRAL SUR LE REVENU

Si les bases de ces impôts vous semblent erronées ou si vous croyez ne pas devoir y être assujetti, vous pouvez faire une réclamation dans les formes ordinaires.

N.-B. — L'assiette de ces impositions étant généralement établie par le contrôleur à l'aide de déclarations, de renseignements recueillis ou de recherches faites par lui et la preuve de l'exagération vous incombant très souvent, il est toujours bon, avant de faire une réclamation, de voir le contrôleur ou de lui écrire.

Conseil pratique. — En dehors de ces cas usuels et en général avant de faire une réclamation, nous vous conseillons vivement d'aller voir le contrôleur des contributions directes. Ce dernier en dehors des renseignements qu'il vous donnera, pourra, dans certains cas proposer en votre faveur le dégrèvement d'office des contributions ou taxes contestées et vous éviter ainsi de faire une réclamation.

N.-B. — Vous ne devez *jamais* adresser de réclamations *au percepteur*, qui n'est pas responsable de l'assiette des impôts et dont le rôle consiste à recouvrer les cotisations.

———————«O»———————

DEMANDES EN REMISE

Les contribuables peuvent solliciter du Préfet, sans condition de délais et sur papier libre, le dégrèvement à titre gracieux, de tout ou partie de leur cotisation pour cause d'indigence.

IMPOT SUR LE CHIFFRE D'AFFAIRES

Bien que n'ayant voulu traiter que des Contributions directes, nous croyons utile de donner à nos lecteurs commerçants un résumé des modifications apportées à cet impôt par les lois des 4 avril, 29 avril et 3 août 1926.

AFFAIRES D'EXPORTATION (1)

L'exemption est supprimée :
3 % pour les objets de luxe vendus à des commerçants ;
12 % pour les objets de luxe vendus à des particuliers ;
1,30 % pour les objets non classés comme étant de luxe.

UNIFICATION DU TAUX DE L'IMPOT

Taux uniforme de 2 % (sauf pour les journaux).

ETABLISSEMENTS CLASSÉS

Les affaires afférentes au logement et à la consommation sur place des boissons et denrées alimentaires dans les établissements classés comme étant de deuxième ou de première catégorie sont désormais taxées à 4 % et 13 %.

EXEMPTION

Le lait, livré pour l'alimentation à l'état naturel, est exonéré de l'impôt.

---

(1) La taxe à l'exportation est supprimée provisoirement. (Décret de janvier 1927).

TAXE SUR LES CHARBONS — TAXE A L'ABATAGE

La taxe sur les charbons est portée de 1.80 % à 2.50 %.

Pour ce qui est de la taxe d'abatage, le relèvement varie suivant les catégories d'animaux.

ENGRAIS CHIMIQUES ET TOURTEAUX
THÉS ET CAFÉS

En vertu de l'article 60 de la loi du 4 avril 1926 la taxe sur le chiffre d'affaires se trouve répartie à la production et à l'importation pour les engrais chimiques et lés tourteaux et à l'importation pour les cafés et les thés.